FOLIO CADET

Mis en couleurs par Geneviève Ferrier

Maquette : Isy Ochoa

ISBN : 978-2-07-053884-3
© Éditions Gallimard, 1983, pour le texte et les illustrations
N° d'édition : 157649
Loi n° 49-956 du 16 juillet 1949 sur les publications destinées à la jeunesse
Premier dépôt légal : octobre 1983
Dépôt légal : décembre 2007
Imprimé en Italie par Zanardi Group

Pef

Dictionnaire des mots tordus

GALLIMARD JEUNESSE

Avertissement de l'auteur - Illustre tracteur

Au début ce n'était qu'une petite histoire de rien du tout, avec un prince, une princesse et le prince devait se marier, nananère…

Mais comme je ne me prends pas au sérieux, j'ai fait de mon héros un clown du vocabulaire, un tordeur de mots face à une dompteuse dans l'enseignement, la princesse Dézécolle.

Le jeu de mots, vieux comme le monde, venait de recevoir un nouvel habit, celui du Prince de Motordu.

La première édition de « La Belle Lisse Poire du Prince de Motordu » déclencha le signal. De Cazères à Villeneuve-d'Ascq en passant par Tarbes, Laval, Montbard ou

Sallaumines, j'ai rencontré des milliers d'amis du Prince. Tous, à leur tour, avaient tordu des mots sous le regard vacillant de leurs enseignants. Ces nouveaux mots tordus, disponibles, ne pouvaient pas mourir.

Sur une idée de Raymond Rener, et avec la complicité de parents, de bibliothécaires et d'enseignants, les voici réunis sous la forme d'un dictionnaire tout à fait tordu.

Bien sûr, je n'ai pu m'empêcher d'y glisser les miens avant d'assaisonner le tout de dessins.

Ils prouvent qu'en chacun de nous sommeille un Prince de Motordu et que l'orthographe n'est pas le plus court chemin pour aller d'un mot à l'autre… Pef

Abeille : Petit insecte capable de fabriquer du ciel.
Animal chauffage :

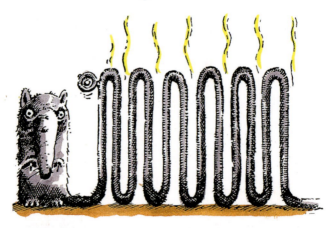

Air-puce : Avion qui se déplace en effectuant des sauts d'un aéroport à l'autre.
Voir la planche des transports.
Abris :
Les abris sont des morceaux d'étoffe à l'intérieur desquels on cache son corps. Les abris sales sont couverts de vaches.

Abris :

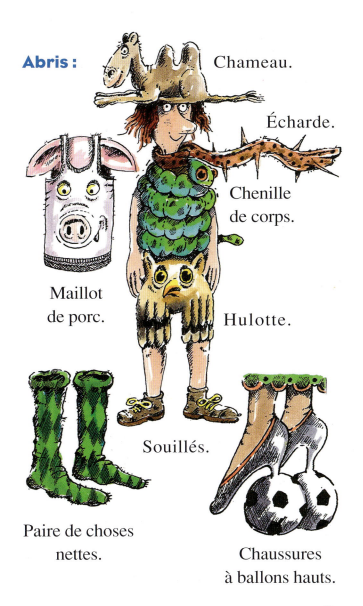

Chameau.

Écharde.

Chenille de corps.

Maillot de porc.

Hulotte.

Souillés.

Paire de choses nettes.

Chaussures à ballons hauts.

Boa : Le boa est un serpent qu'on coupe en morceaux, puis qu'on fait sécher pour faire de bons feux de cheminée pendant l'hiver.
Bruits : Les bruits poussent dans les arbres. Quand les arbres ne sont pas arrosés, ils donnent des bruits secs.

Bison : Homme condamné à plusieurs années de bison.
Bœufs : Certains ont les bœufs bleus, d'autres des bœufs verts ou noirs. Quand on dort, on ferme les bœufs. Quand le soleil est aveuglant, on cache ses bœufs derrière des lunes vertes.

Balai : Généralement les rois et les reines habitent dans de magnifiques balais.
Leurs enfants logent dans des chapeaux plus petits, appelés balayettes.

Beefteak caché : Quand on réussit à le retrouver, un beefteak caché est très bon à manger.

Chapeau d'eau : Il y a très, très longtemps, les hommes et les femmes se promenaient avec des chapeaux ouverts sur le dessus. Quand il pleuvait, les chapeaux se remplissaient d'eau, d'où leur nom de chapeau d'eau. Quand les personnes munies de chapeaux d'eau se rencontraient, elles renversaient toute l'eau en se saluant et constataient :
– Ça a plu !
– Ça a plu !
Depuis on a fermé le dessus des chapeaux d'eau, et on dit plus simplement :
– Salut !
– Salut !

Chien : Amiral domestique très sympathique, le chien devient dangereux s'il a été mordu par un autre amiral enragé.

Camion : Un camion est une arme très dangereuse circulant sur une route. Un coup de camion peut détruire une auto.

Crocs clairs : Se mettre en crocs clairs, c'est montrer les dents tellement on est furieux.

Clou-Clou : Tel est le bruit que fait une bouteille dont le vin est piqué.

Crotte râpée : Voici une délicieuse recette :
Prendre une belle crotte orange, la laver, puis la râper. On l'assaisonne ensuite avec une sauce de malade.

Chevaux : La plupart des gens ont des chevaux sur la tête.

Certains ont les chevaux longs,

d'autres ont les chevaux courts.

Les personnes âgées ont des chevaux blancs.

Mais tout le monde baigne ses chevaux, le matin en se lavant. Il y a aussi les chevaux-roues.

Don-qui-shoote : Le célèbre joueur de football espagnol pouvait envoyer son ballon par-dessus les moulins à vent.

Dents :

Tiens, un enfant de sept dents et heureux de les avoir.

Douche : Une douche est la moitié d'un pain.

Désordre : Si votre chambre est en désordre, un bon conseil : mangez vos affaires !

Dragon-restaurant : Animal fabuleux se déplaçant bruyamment sur un chemin de fer. Les dragons de voyageurs se nourrissent de gens qu'ils avalent et recrachent plus loin.

(Voir aussi la planche Transports.)

Écharde : Pièce de tissu qu'on se met autour du clou quand il fait un froid piquant. (Voir planche Abris.)

Égoutter : Se mettre du bruit goutte-à-goutte dans les oreilles. Si les bruits sont trop forts, il faut les presser. On obtient alors du jus de bruit. Si un enfant n'égoutte rien en classe, la traîtresse lui étire les oreilles pour que les bruits rentrent mieux.

Essuie-place : Petit chiffon pour essuyer une chaise mouillée.

Encaisser : Mettre quelqu'un dans une caisse (un prisonnier, par exemple) pour l'encaisser de s'évader.

Engin : Petit ou grand fer.
Terme amical employé par sa fleur pour le nommer :
– Mon engin m'a encore piqué ma gomme.
(Voir la planche Famille.)

Étoffer : Quand on a trop d'abris sur le dos, on transpire et on a la sensation d'étoffer avec tous ces tissus sur soi.
(Voir la planche Abris.)

Escargot : Pour attraper quelque chose, on peut monter sur un escargot, sorte de petite échelle.

C'est en Bourgogne qu'on fabrique le plus d'escargots.

Foin : Quand on a vraiment très très foin, on est capable de manger de tout, et surtout de la paille.

Fruit : Craquement, frottement.
Quand le vent secoue un pommier ça fait du fruit.
Avez-vous déjà entendu le fruit horrible d'un train écrasant une poire ?

Facteur : Jean-Paul Belmondo et Isabelle Adjani sont des facteurs de cinéma.
Ils reçoivent ainsi beaucoup de lettres d'admirateurs.

Famille :

Les harengs.

Les grands marrants.

La fleur.

Le fer, ou engin.

L'ongle.

La tente.

Les coussins.

Filles : Petites boules en terre ou en verre qu'on lance les unes contre les autres pour les gagner ou les perdre.

Ce sont les garçons qui jouent le plus aux filles. Ils sont très fiers d'avoir un gros sac de filles.

Flamme : Quand un homme se marie, il vit avec sa flamme qui le réchauffe.

Quand une flamme va s'éteindre, c'est qu'elle est très vieille et qu'elle ne peut presque plus bougie.

Fleuve : Flamme ayant tant pleuré après la mort de son mardi, que ses larmes ont formé une grande rivière.

Fauve-pourri : Petit mammifère ailé vivant dans les crottes.

Flaque : (Paire de flaques.)

Gifle spéciale donnée par une grande personne à un enfant qui a mouillé ses chaussures dans une petite mare d'eau.

Fin : Quand on a fin il faut commencer, commencer à manger.

Gâteau : Les gâteaux à voiles ou les gâteaux à moteur ne deviennent jamais vieux. Un jour ou l'autre ils sont appelés à disparaître dans les fortes dents prêtes.

Gens mignons : Remarquez sur ce dessin combien il est difficile de faire la différence

entre les gens mignons comestibles, en haut, et les gens mignons vénéneux, en bas.

Glace : Endroit très froid où on met les enfants pour leur apprendre à frire.

A part les glaces de neige, il est rare qu'on mette les glaces dehors.

Dès qu'il fait chaud, fin juin, l'enseignant s'arrête de faire la glace, sinon elle fondrait au soleil.

Aller en glace est gratuit, sauf pour les glaces à la vanille ou à la fraise qui sont payantes.

Gants : Quand on a mal aux gants, il vaut mieux aller chez le dentiste pour se les faire arracher.
A la place on peut se faire mettre des gants en or.

Enfant se brossant les gants.

Gazouiller : Faire siffler ses doigts en les frottant comme des becs d'oiseau sur la peau de la personne qu'on veut ainsi taquiner.
On dit : arrête de me gazouiller !

Géant : Grande personne vue par un petit enfant.
On dit : ah ! les braves géants ou, ah ! que les géants sont méchants.

Gomme : Fruit mou qui pousse sur un arbre appelé gommier.

Le docteur recommande souvent d'avaler de la gomme râpée pour effacer les mots d'estomac.

Grumeaux : Des parents peuvent donner naissance à des pépés qui se ressemblent trait pour trait.

S'il s'agit de garçons on les appelle des grumeaux.

Dans le cas des filles, on les nomme prunelles.

Hêtre : Voici les vingt-sept hêtres de l'alphabet.

Habit : Le dimanche, on sort avec ses habits. On peut aussi inviter ses habits à manger.

Hache : Animal fendant tellement il est ridicule. Et toutefois dangereux si on l'énerve.
Dans ce cas, inutile de se réfugier dans un arbre. Il peut être abattu d'un coup de hache ! Et puis, tout le monde ne peut pas traire les haches !

Haleine : Mammifère marin qu'on reconnaît de loin grâce à ses nez d'eau.
S'il avale des poissons pourris on sent qu'il y a une mauvaise haleine dans les parages. Mais comme ce mammifère vit souvent dans des eaux froides, on parle plus souvent d'haleine fraîche.

Igloo : (rat d'igloo.) Ce petit animal tient compagnie aux Esquimaux pendant l'hiver.

Ivre : A l'école ou à la maison, dès qu'un enfant se penche sur un litre, on dit qu'il est ivre de lecture, ivre d'histoire ou ivre de mathématiques.

Jouer : Le mois de jouer est le premier mois des vacances. Après viennent le mois doux, puis le mois de s'étendre.

Jeu : Les enfants aiment les jeux.
Les jeux à la coque et les jeux sur le plat sont leurs préférés, mais il y a aussi les jeux de Pâques.

Julie : Quatrième des sept petits ours de la semaine.

Jus d'os : Gymnastique spéciale qui fait transpirer. Pour cette raison, on met sur soi des habits blancs pour essuyer le jus d'os appelé aussi sueur.

Justine : Petite fille qui reste collée à sa chambre à air.

Képi : Sorte de pot de chambre, placé par les tout jeunes enfants sur leur lit, pour faire leur petit besoin.
On dit qu'ainsi les bébés font képi au lit.
King-Kong : Jeu de monstres s'envoyant leurs victimes par-dessus une table.

 **L**

Lunes vertes : Les gens qui y voient mal doivent porter des lunes vertes sur leur nez. Les lunes vertes de soleil sont surtout utilisées pendant l'été.

Litre : Dans leur cartable, les enfants emportent de nombreux litres. Litre de calcul, plein de vingt, litre d'histoire et de géo, litre de lecture… Et avalez-moi tout ça ! ne cesse de leur répéter leur traître ou leur traîtresse.

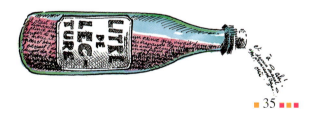

Maillot de porc : Les personnes qui mangent comme des cochons ont des maillots de porc pleins de vaches. (Voir les planches Abris.)

Monstre : Petit animal accroché à son poignet et qui donne l'heure quand on le remonte.

Peut-être parce que leurs aiguilles étaient dangereuses, les monstres à aiguilles ont dû être remplacés par les monstres à quartz.

Merle : Cri qu'on pousse quand on est surpris, pas content ou en colère :
– Merle alors !
– Vélo de merle !

Mardi : Un homme qui a épousé une flamme devient son mardi. (Voir Flamme.)

Malin : Garçon très futé qui a réussi à circuler sur l'eau en construisant un gâteau. Les malins sont soit dans la maline de guerre, soit dans la maline marchande.

Les malins-bêcheurs cultivent la mer pour récolter les poissons.

Nid : Endroit où on dort. En général, on dispose son nid dans la branche à coucher.

Naufragé : Quand il agite sa chenille, un naufragé la transforme en papillon de détresse.

Os-qui-court : Cri poussé par une personne en danger de mort.

Mais on peut crier : arlette ! aboie !

Les sept petits ours de la semaine :

Lune nuit

Pardi

Mère qui crie

Julie

Ventre gris

Sale pie

Nuit blanche

Peur : (bouquet de Peurs.)

Planche à poêle :

Panard : Oiseau sauvage ou vivant à la ferme, et qui adore se baigner dans une pièce d'eau appelée la mare aux panards.

Patin à poulettes : Le patin à poulettes fait partie des œufs de plein air. Les enfants qui prévoient d'y jouer se donnent rendez-vous en disant : A demain-patin…

Poux : Insectes très dangereux. C'est dans les bagarres qu'on attrape des poux. Mais les poux les plus durs sont les poux de feu et les poux de canon !

Poudre : La poudre tombe sur la terre quand le temps est à l'orange. Mélangée à l'eau de pluie, la poudre donne du jus d'orage.

Politesse : Quand il fait chaud, on dit : Bon four monsieur ! pour saluer quelqu'un. S'il fait froid, on dit plutôt : Bons ours ! mademoiselle, bons ours ! madame.

Poulet : Un canon lance des poulets rôtis. Le soldat qui va recevoir un poulet rôti sent venir la faim de sa vie.

Pois : Il y a douze pois dans l'année. Les pois les plus chauds sont les pois de jouer, doux et de s'étendre. Le plus petit pois de l'année est le pois de février.

Quatre maisons : On compte quatre maisons dans une année : l'été, l'hiver, le printemps et l'automne.

Quatre râleurs : Quand on est quatre personnes mécontentes de circuler à très petite vitesse dans un embouteillage, on dit que la voiture roule à quatre râleurs !

Rage : La rage est un sport où on en bave drôlement.

Rubis : Quelle belle pierre précieuse en forme de ballon ovale ! Le ballon de rubis, qui a donc une grande valeur, provoque souvent des bagarres entre des hommes qui essayent de s'en emparer.

Ressort : Ressort du monde de saut en longueur.

Rivière : Quand une personne s'est noyée, les pompiers la placent sur une rivière pour la ramener à l'Hôpital.

Souillés : Les souillés vont dans la poussière, les flaques et la boue qui les souillent.

Sœur : Les sœurs poussent dans les jardins ou dans les prés.

Pour faire une blague, on peut acheter un bouquet de sœurs et l'offrir à un garçon. Succès et chamailleries garantis.

En général, les sœurs sentent très bon. Mais pour rester fraîches, elles doivent toujours rester dans la vase. (Voir Engin – fer.)

Sœurs : Il est trois sœurs de l'après-midi.

Sapin : Petit animal non dangereux, mais tout vert d'aiguilles et vivant dans la forêt. Quand la hache est ouverte, le sapin se tient immobile sur son pied pour ne pas se faire remarquer par les hacheurs qui veulent l'abattre.

Les familles évitent de manger du sapin à Noël. Elles trouvent que la dinde a plus de clous.

Suie : La suie tombe chaque soir sur les gens. Devenus tout noirs, les gens se souhaitent bonne suie !

Signal des larmes : Le signal des larmes est un moyen mis à la disposition de tous les enfants-bébés. Dès que le signal des larmes est déclenché, les parents s'arrêtent net et s'occupent immédiatement des besoins du bébé.

Quand l'enfant a grandi, il lui est interdit d'utiliser le signal des larmes sans raison valable.

Toiles (les) : Les toiles sont de grands morceaux de tissu noir dépliés dans le ciel pour faire sombre, le soir.

Ces tissus sont généralement pleins de petits trous qui sont autant de points brillants. Il est passionnant d'observer les toiles et de chercher à reconnaître les toiles polaires, les toiles du berger et les toiles filantes.

Tête : Les jours de tête sont toujours très attendus par les enfants.

Tête du jour de l'an.

Tête du premier mai.

Tête du quatorze juillet.

Tête des mères.

Tas : Animal fait d'une touffe de poils et de griffes.

Tas de gouttière

Tas siamois

Tas sauvage

Tâton : La femelle du tas peut avoir plusieurs tâtons qu'elle nourrit avec le dé de ses gamelles.

Le tâton n'ouvre les yeux que quelques jours après sa naissance.

Ainsi est née l'expression : aller à tâtons, c'est-à-dire se déplacer comme un aveugle, en risquant de se cogner partout.

Traîtresse : La traîtresse d'école vous surprend toujours au moment où vous ne l'attendez pas. Le traître et la traîtresse d'école sont appelés aussi enseignants. On peut très bien avoir un traître gentil et, l'année d'après, une traîtresse sévère, ou le contraire.

Tache : Animal très sale qui vit en troupeaux sur les abris. Les abris sales sont envoyés chez le blanchisseur qui vous les rend blancs comme le lait des taches.

Transports :

Aviron à réaction.

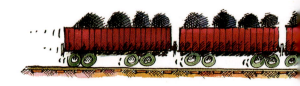

Loto.

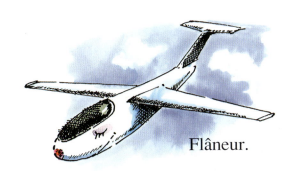

Flâneur.

Dragon de marchandises.

Vélo à pétales.

Vélo-brosse.

Uniforme : L'uniforme est un abri spécial dans lequel on enferme certaines personnes pour qu'on les reconnaisse bien.
Par exemple :

gras Pitaine. gros Lionel.

bonne-fleur.

Verglas : Quand on rit au verglas, on se moque de l'hiver.

Vache : Saleté qui se met sur les pantalons ou les corsages, quand on mange comme un cochon. Un abri sale peut être laid de vaches, tellement il y en a.

Vélo-brosse : Le vélo-brosse est un vélo au poil qui va partout, même sur les pistes en tête battue.

(Voir planche Transports.)

Vingt : Le vingt est un liquide qu'on met dans une bouteille.

La moitié d'une bouteille de vingt est une bouteille de dix.

Vent de toilette : Un bon truc pour se laver sans se fatiguer.

Il suffit de se mettre à sa fenêtre ouverte et de se laisser ainsi passer un vent de toilette sur la figure.

Vis : Le petit de l'Homme est nommé vis. On dit : tel père, telle vis.

Pour empêcher de sortir leur enfant insupportable, les parents serrent la vis.

Wagon-lit : Animal horrible ayant la forme d'un serpent monstrueux et dans lequel on fait des cauchemars en cachette.

X (Crayons X) : Crayons absolument invisibles que le radiologue enfonce dans le corps de ses patients.

Yéti : Cri poussé par les fermiers de Belgique pour attirer les poules en leur faisant croire qu'elles sont poursuivies par l'abominable homme des Belges.

Zoo : Sorte de prison dans laquelle on place les animaux pour que les Humains puissent les voir de près.

Chez les éléphants, l'expression « avoir la peau sur les zoos » signifie maigrir de tristesse dans un tel endroit.

Zouave : Soldat très agité, cherchant de l'eau dans le désert, en criant :
– J'ai zouave, j'ai zouave !…

Dès qu'il a pu, enfin, se désaltérer, le zouave se met à quatre pattes et pousse un second cri :
– Zébu, zébu ! zébu zouave !

A vous de jouer...

■ ■ ■ L'AUTEUR-ILLUSTRATEUR ■

Né en 1939, fils de maîtresse d'école, **Pef** a vécu toute son enfance dans des cours de récréation. Il a pratiqué les métiers les plus variés comme journaliste ou essayeur de voitures de course. A trente-huit ans et deux enfants, il dédie son premier livre *Moi, ma grand-mère…* à la sienne, qui se demande si seulement son petit-fils sera sérieux un jour. C'est ainsi qu'il devient auteur-illustrateur pour la joie des enfants et invente en 1980 le prince de Motordu, personnage qui devint rapidement une véritable star.

Lorsqu'il veut raconter ses histoires, Pef utilise deux plumes : l'une écrit et l'autre dessine.

Depuis près de vingt-cinq ans, collectionnant les succès, Pef parcourt inlassablement le monde à la recherche des « glaçons » et des « billes » de toutes les couleurs, de la Guyane à la Nouvelle-Calédonie, en passant par le Québec ou le Liban. Il se rend régulièrement dans les classes pour rencontrer son public auquel il enseigne la liberté, l'amitié et l'humour.

■ DANS LA COLLECTION FOLIO CADET ■ ■ ■

CONTES CLASSIQUES
ET MODERNES

**La petite fille
aux allumettes**, 183

La petite sirène, 464

**Le rossignol
de l'empereur de Chine**, 179
de Hans Christian Andersen
illustrés par Georges Lemoine

Le cavalier Tempête, 420
de Kevin Crossley-Holland
illustré par Alan Marks

La chèvre de M. Seguin, 455
d'Alphonse Daudet
illustré par François Place

Nou l'impatient, 461
d'Eglal Errera
illustré par Aurélia Fronty

**Le lac des cygnes et autres
belles histoires**, 473
d'Adèle Geras
illustré par E. Chichester Clark

Prune et Fleur de Houx, 220
de Rumer Godden
illustré par Barbara Cooney

Les 9 vies d'Aristote, 444
de Dick King-Smith
illustré par Bob Graham

Histoires comme ça, 316
de Rudyard Kipling
illustré par Etienne Delessert

Les chats volants, 454
**Le retour
des chats volants**, 471
d'Ursula K. Le Guin
illustrés par S. D. Schindler

La Belle et la Bête, 188
de Mme Leprince de Beaumont
illustré par Willi Glasauer

**Contes d'un royaume
perdu**, 462
d'Erik L'Homme
illustré par François Place

Mystère, 217
de Marie-Aude Murail
illustré par Serge Bloch

**Contes pour enfants
pas sages**, 181
de Jacques Prévert
illustré par Elsa Henriquez

La magie de Lila, 385
de Philip Pullman
illustré par S. Saelig Gallagher

Une musique magique, 446
de Lara Rios
illustré par Vicky Ramos

**Du commerce
de la souris**, 195
d'Alain Serres
illustré par Claude Lapointe

Les contes du Chat perché
illustrés par Roland
et Claudine Sabatier

AVENTURE

Le meilleur des livres, 421
d'Andrew Clements
illustré par Brian Selznick

**Le poisson de
la chambre 11**, 452
de Heather Dyer
illustré par Peter Bailey

■■■ DANS LA COLLECTION FOLIO CADET ■

Le poney dans la neige, 175
de Jane Gardam
illustré par William Geldart

Longue vie aux dodos, 230
de Dick King-Smith
illustré par David Parkins

Une marmite pleine d'or, 279
de Dick King-Smith
illustré par William Geldart

**L'enlèvement de
la bibliothécaire,** 189
de Margaret Mahy
illustré par Quentin Blake

Le lion blanc, 356
de Michael Morpurgo
illustré par Jean-Michel Payet

Le secret de grand-père, 414

Toro ! Toro ! 422
de Michael Morpurgo
illustrés par Michael Foreman

Jour de Chance, 457
de Gillian Rubinstein
illustré par Rozier-Gaudriault

Sadi et le général, 466
de Katia Sabet
illustré par Clément Devaux

Les poules, 294
de John Yeoman
illustré par Quentin Blake

FAMILLE,
VIE QUOTIDIENNE

L'invité des CE2, 429
de Jean-Philippe Arrou-Vignod
illustré par Estelle Meyrand

Clément aplati, 196
de Jeff Brown
illustré par Tony Ross

Je t'écris, j'écris, 315
de Geva Caban
illustré par Zina Modiano

Little Lou, 309
de Jean Claverie

J'aime pas la poésie ! 438
de Sharon Creech
illustré par Marie Flusin

**Mon petit frère est
un génie,** 472
de Dick King-Smith
illustré par Judy Brown

Danger gros mots, 319
de Claude Gutman
illustré par Pef

Sarah la pas belle, 223

**Sarah la pas belle
se marie,** 354

Le journal de Caleb, 441
de Patricia MacLachlan
illustrés par Quentin Blake

Victoire est amoureuse, 449
de Catherine Missonnier
illustré par A.-I. Le Touzé

Oukélé la télé ? 190
de Susie Morgenstern
illustré par Pef

Nous deux, rue Bleue, 427
de Gérard Pussey
illustré par Philippe Dumas

Le petit humain, 193
d'Alain Serres
illustré par Anne Tonnac

■ DANS LA COLLECTION FOLIO CADET ■ ■ ■

Petit Bloï, 432
de Vincent de Swarte
illustré par Christine Davenier

**La chouette qui avait peur
du noir,** 288
de Jill Tomlinson
illustré par Susan Hellard

Lulu Bouche-Cousue, 425

Ma chère momie, 419

Soirée pyjama, 465

Le site des soucis, 440
de Jacqueline Wilson
illustrés par Nick Sharratt

LES GRANDS AUTEURS POUR ADULTES ÉCRIVENT POUR LES ENFANTS

BLAISE CENDRARS

**Petits contes nègres pour
les enfants des Blancs,** 224
illustré par Jacqueline Duhême

ROALD DAHL

Un amour de tortue, 232

**Un conte peut en cacher
un autre,** 313

**Fantastique maître
Renard,** 174

**La girafe, le pélican
et moi,** 278
illustrés par Quentin Blake

Le doigt magique, 185
illustré par Henri Galeron

Les Minuscules, 289
illustré par Patrick Benson

JEAN GIONO

**L'homme qui plantait
des arbres,** 180
illustré par Willi Glasauer

J.M.G. LE CLÉZIO

Balaabilou, 404
illustré par Georges Lemoine

**Voyage au pays
des arbres,** 187
illustré par Henri Galeron

MICHEL TOURNIER

Barbedor, 172
illustré par Georges Lemoine

**Pierrot ou les secrets
de la nuit,** 205
illustré par Danièle Bour

MARGUERITE YOURCENAR

**Comment Wang-Fô fut
sauvé,** 178
illustré par Georges Lemoine

RETROUVEZ VOS HÉROS

Akimbo
d'Alexander McCall Smith
illustré par Peter Bailey

Avril
d'Henrietta Branford
illustré par Lesley Harker

Will, Marty et compagnie,
de Eoin Colfer
illustré par Tony Ross

■ ■ ■ DANS LA COLLECTION FOLIO CADET ■

William
de Richmal Crompton
illustré par Tony Ross

Lili Graffiti
de Paula Danziger
illustré par Tony Ross

Mademoiselle Charlotte
de Dominique Demers
illustré par Tony Ross

Zigotos de zoo
de Yves Hughes
illustré par Joëlle Jolivet

Les Massacreurs de dragons,
de Kate McMullan
illustré par Bill Basso

Amélia,
de Marissa Moss

Amandine Malabul,
de Jill Murphy

La famille Motordu,
de Pef

**Harry-le-chat
et Tucker-la-souris,**
de George Selden,
illustré par Garth Williams

Eloïse,
de Kay Thompson
illustré par Hilary Knight

Les Chevaliers en herbe,
d'Arthur Ténor
illustré par D. et C. Millet

BIOGRAPHIES
DE PERSONNAGES CÉLÈBRES

**Louis Braille, l'enfant
de la nuit,** 225
de Margaret Davidson
illustré par André Dahan

**La métamorphose d'Helen
Keller,** 383
de Margaret Davidson
illustré par Georges Lemoine